# LA PETITE
# LANTERNE MAGIQUE

## DE 1824,

PAR L'AUTEUR DE CELLE DE 1814,

ET

# COMPTE-COURANT

## ENTRE LE MONOPOLE DES TABACS
## ET LA FRANCE,

Par l'Auteur de la *Notice sur Anvers*.

## A PARIS,

RUE MONTMARTRE, N° 84,

ET CHEZ LES MARCHANDS DE NOUVEAUTÉS.

—

DÉCEMBRE 1824.

On trouve rue Montmartre, n° 84, les
Ouvrages suivans du même Auteur :

———

*Mémoire historique et politique sur le Commerce de
l'Inde* (1804).                                    2 fr.

*Réflexions sur le Commerce de France* (1804).   3 fr.
    *Idem.* Deuxième suite (1814).              1 fr. 25 c.

*La Petite Lanterne Magique* (1814).               1 fr.

*Considérations sur l'état actuel de l'Europe, ou
    Mémoire sur l'Ile de Madagascar* (1814).   2 fr. 50 c.

*Essai sur la possibilité d'un Traité de Commerce
    entre la France et le royaume des Pays-Bas.*
    (En vente en Belgique, 181.7)

*Mémoire sur la demande que fait la ville de Paris,
    d'un Entrepôt de denrées coloniales* (1820).   75 c.

*Notice sur Anvers,* précédée d'une Dissertation sur
    l'économie politique et le système de la réciprocité
    (Septembre 1824).                          2 fr. 25 c.


DE L'IMPRIMERIE DE PLASSAN,
RUE DE VAUGIRARD, N° 15, DERRIÈRE L'ODÉON.

# LA PETITE

# LANTERNE MAGIQUE

## DE 1824.

La voici, la voilà, la véritable lanterne magique. Mesdames et Messieurs qui avez honoré
de votre présence celle de 1814, et vous tous
qui n'avez pu la voir alors, accourez, accourez;
voici du nouveau, voici du curieux.

Et d'abord je dois vous annoncer qu'à l'ins-
tar de Messieurs les artistes en cheveux et les
artistes en chaussures, je viens de faire mon
tour de France : j'en rapporte des perruques
pour tous et des chaussures pour quelques-
uns. Quant aux costumes, lorsque j'ai quitté
Paris en 1815, on y trouvait trop d'habits d'ar-
lequins et d'habits retournés, pour que j'aie
cru utile de vous en apporter.

Or regardez, petits et grands, vous allez voir
ce que vous allez voir.

Mais avant d'en venir à l'exhibition de mes
tableaux, il convient que je vous dise un mot
de ce que j'ai vu dans mes voyages.

Dans tous les départemens certains personnages sont coiffés à l'oiseau royal, avec beaucoup de poudre pour paraître *plus blancs;* d'autres sont coiffés à la titus, et ont les cheveux oints d'huile antique faite à la moderne pour ressembler aux anciens; à d'autres individus il faut des bottes de sept lieues pour courir après les élections et des places nouvelles; d'autres sont chaussés si à l'étroit qu'à peine s'ils peuvent marcher. En fait de sauce et de poisson, comme on dit dans mon pays, tout dépend des goûts et des idées : laissons donc à chacun les siens, et poursuivons notre chemin. Dans une ville où j'avais toujours entendu crier aux habitans, Vive le roi quand même, je me suis aperçu que les Drapeaux n'étaient pas aussi blancs que de coutume; j'en ai fait l'observation : C'est, m'a-t-on dit, que notre blanchisseur est absent. En faisant la traversée du Havre à Honfleur, j'ai cru m'apercevoir que le Pilote louvoyait, mais il m'a objecté que c'était pour prendre un meilleur vent. Dans la Picardie j'ai vu un Courrier désarçonné pour avoir voulu courir trop vite, mais il en a été quitte pour quelques jours de retraite et a repris son allure. Dans certains départemens l'art des Lorgnettes s'est perfectionné : il est certain qu'on en fait aujourd'hui de bien bonnes. Dans d'autres, j'ai trouvé des jeunes gens très-spirituels, mais malins et caustiques comme un Diable boiteux. J'ai rencontré une nouvelle Pandore, et celle-ci, plus avisée que l'ancienne, se gardait bien de tenir sa boîte grandement ouverte. Dans la province de l'Ile-de-France j'ai trouvé une vieille femme à qui j'avais connu de nombreux adorateurs....: triste effet de l'âge! à peine s'il lui reste quelques anciens habitués. Sa fille a toujours beaucoup d'esprit, parfois trop de coquetterie; elle a eu récemment une petite intrigue avec un grand seigneur, qui a donné lieu à un procès passablement scandaleux ; mais le grand seigneur a été condamné aux dépens.

Relativement aux affaires du temps, dans beaucoup de départemens les Débats se sont animés, et sont devenus très-instructifs et beaucoup plus piquants; en général, néanmoins, l'opinion la plus forte et la plus répandue est celle des Constitutionnels.

Le Commerce, après avoir été en calme pendant un certain temps, a fait quelques expéditions peut-être un peu hasardées, mais qui lui ont bien réussi.

En mer nous n'avons eu vent que d'un Corsaire : il tirait, m'a-t-on dit, ses coups de semonce à boulet rouge, dès-lors nous avons manœuvré pour l'éviter.

J'aurais voulu faire le tour du globe afin de vous donner des nouvelles de tout l'univers, mais il eût fallu presque autant de temps que pour lire un Moniteur, et j'étais pressé de retourner à Paris. En voici le motif : ici, soit dit entre nous afin de ne fâcher personne, il n'y a pas mal de gobe-mouches, mais en province on aime mieux gober les ortolans, et d'après un bruit qui court depuis près de deux mois, on y est partout la bouche entr'ouverte pour être plus tôt prêt à recevoir ceux qu'on attend du ciel tout bardés et rôtis. Or comme les meilleurs ortolans tombent de préférence et toujours en bien plus grande quantité à Paris, j'ai cru devoir hâter mon retour, afin d'avoir une meilleure part.

Les ortolans ne sont pas encore tombés.....; comptons sur la bonté par excellence dont dépend l'accomplissement de nos vœux; poursuivons.

Pour vous dire un mot des journaux, il en est parmi eux qui veulent bien être des Aristarques, mais très-peu qui se soucient de passer pour Ministériels. N'oubliez pas, je vous prie, Mesdames et Messieurs, qu'il n'est ici question que des départemens, et non de la bonne ville de Paris.

Dans certains endroits on a cherché long-temps à faire accroire que des vessies étaient des lanternes; dans d'autres on voudrait encore faire voir des étoiles en plein midi, mais on n'y réussit que lorsqu'il y a éclipse de soleil.

En général partout l'esprit est excellent, et tandis qu'autrefois tel parti criait Vive le Roi, tel autre Vive la Charte, division, soit dit entre nous, qui pouvait bien n'être qu'une instigation des mouchards, à qui seuls elle est utile, *nous vivons sous un prince ennemi de la fraude,* qui honore trop la mémoire de son frère pour vouloir enlever aux Français ce qu'il leur a donné, et aujourd'hui partout on s'écrie avec les mêmes transports et la même satisfaction, Vive le Roi, vive la Charte, sans oublier néanmoins que nous avons de plus un Dauphin. Et comment pourrions-nous l'oublier lorsqu'en Espagne ce prince fait triompher nos armées et qu'au conseil il ouvre le meilleur avis? Vive donc aussi notre bon et vaillant Dauphin! — Oh! comme cette salle est sonore! j'entends partout de l'écho.

Et regardez bien, Mesdames et Messieurs, et vous allez voir ce que vous allez voir.

Et pour commencer par un commence-
ment qui puisse nous conduire à la fin, voyez
ce grand colosse dont les proportions sont encore incertaines : il avait quatorze ans lorsque
je le montrai pour la première fois, il en a
vingt-quatre aujourd'hui, et est considérable-
ment grandi ; son tempérament, qui s'annonce
pour devoir être vigoureux, n'est pas encore
décidé ; il est dans la crise qui doit le former.

Voyez, voyez à ses côtés ses innombrables
médecins : par saint Crépin, mon patron, que
diraient des ministres en butte à une telle opposition ! les uns prétendent que la trop grande
croissance a nui aux forces du malade, et sont
pour les toniques ; d'autres le trouvent trop
fort pour son âge, et proposent les émolliens ;
ceux-ci assurent qu'il a trop de sang, et ordon-
nent la saignée ; ceux-là disent qu'il a le corps
rempli d'humeur, et veulent le purger..... Eh !
messieurs, messieurs les docteurs, tâchez de
vous entendre, sinon laissez agir la nature, en
vous bornant à l'observer pour la seconder.

Le colosse que je viens de vous montrer,
Mesdames et Messieurs, est né d'illustres pa-
rens ; l'origine de sa noblesse remonte à Jésus-
Christ, c'est la seule famille au monde dont
les titres ne puissent être contestés ; parmi ses

aïeux il en est dont le mérite est plus ou moins avoué de nos jours; néanmoins ceux du moyen âge ont de nombreux partisans ; quelques-uns de ces partisans osent même soutenir que la race s'est abâtardie et a dégénéré depuis lors. Quant à moi, Mesdames et Messieurs, vous connaissez mon opinion. elle peut s'appliquer à tout ; en fait de sauce et de poisson je laisse à chacun son goût et ses idées; cependant pour soutenir le noble rôle d'historien que je remplis en ce moment, je dois vous dire que le monde entier est assez d'accord pour donner au dernier aïeul du colosse le surnom de grand, et à son père celui de philosophe. A ces mots vous devinez tous, Mesdames et Messieurs, que le nom du colosse est *Dix-neuvième Siècle.*

Mais il ne suffit pas de vous avoir parlé de sa généalogie, de sa constitution, et de ses médecins, il faut aussi vous dire un mot de ses œuvres.

Le Dix-neuvième Siècle, si vanté en raison de ses lumières et de sa civilisation, peut être également cité pour l'excellence de ses principes ; et surtout n'oubliez pas, Mesdames et Messieurs, cette circonstance remarquable pour la facilité avec laquelle on parvient à les éluder.

Nos neveux auront de quoi être passablement surpris lorsqu'en parcourant la série des hauts faits dont nous sommes si fiers, ils verront les Français, sous un chef ambitieux, dicter des lois à l'Europe, et n'avoir chez eux qu'une représentation nationale muette.

Je pourrais vous en dire plus long à ce sujet, mais il faudrait remonter aux temps où nous vivions en république, sous le directoire, sous le consulat, et sous l'empire; toutes ces admirables institutions ont disparu, Dieu merci : laissons donc en paix les cendres des morts, nous avons bien assez à faire des vivans.

Et regardez , Mesdames et Messieurs, et vous allez voir ce que vous allez voir ; et voyez, voyez ce magnifique livre, c'est un Dictionnaire français, imprimé en 1814, sous la direction d'un abbé très-savant ; ce nouveau Dictionnaire est indispensable pour connaître tout ce qu'ont fait pour nous de bons et surtout de chers amis ; ces bons amis ne nous ont emporté que les ponts d'Austerlitz et de Iéna, et ont bien voulu nous laisser notre argent ; je me trompe , Mesdames et Messieurs, et je m'empresse d'en faire l'aveu, ils n'ont pas

emporté nos ponts, car ils tenaient trop fort,
mais ils ont emporté notre argent; et quant à
nos tableaux, aux termes de la capitulation
ils ont bien voulu nous en laisser le catalogue.
Au surplus ce qui vient par la *flûte* s'en va par
le *tambour*, c'est peut-être un peu le cas
d'appliquer ici le proverbe. Le Dictionnaire
de 1814 est un livre indispensable pour savoir
en outre ce que c'est qu'un ultrà, un royaliste,
un constitutionnel, un libéral, et surtout pour
rectifier quelques définitions anciennes, car
jusqu'alors on avait sottement cru que *pré-*
*venir* voulait dire prévenir, au lieu qu'à dater
de cette époque, prévenir a voulu dire *ré-*
*primer.*

Voici deux croquis, Mesdames et Messieurs,
si faiblement tracés qu'on croirait n'apercevoir
que des ombres; ce sont pourtant des *réalités*
bien *réelles :* l'un des croquis représente la
responsabilité des ministres, l'autre les immunités municipales; au-dessous on lit, en
gros caractères parfaitement burinés et très-
distincts, ces mots communs aux deux es-
quisses :

*Jusqu'ici constamment* POSITIVES *en droit*
*et* NÉGATIVES *en fait.*

Et néanmoins la responsabilité des ministres et les immunités municipales ne nous sont pas venues par la *flûte*, mais par la *Charte*.

Et vous allez voir ce que vous allez voir;.... mais pourquoi tenir à cette formule ancienne?... ne dirait-on pas qu'elle est nécessaire pour remplir mon cadre?.... allons, faisons comme les grands génies, et sachons innover.

Un moment toutefois : la peinture, qui doit parler aux yeux, emploie des couleurs pour rendre ses idées; or les couleurs ne peuvent former un délit que lorsqu'elles représentent des objets obscènes, parce que là le délit est flagrant : les mots, au contraire, sont susceptibles d'autant de combinaisons que les nombres, c'est-à-dire d'autant de procès de tendance, et ce sont là toujours de bien vilains procès.... N'importe, observons-nous le plus que nous pourrons, et prenons le rôle de narrateur pour aller plus vite en besogne, sauf à vous, Mesdames et Messieurs, à suivre de l'œil mes tableaux à mesure que je les ferai passer devant vous. Or écoutez, écoutez, Mesdames et Messieurs.

Tout comme on est parvenu à nous convaincre que prévenir voulait dire réprimer, on est parvenu tout aussi facilement à nous prouver :

Que Paris est la capitale du monde civilisé, nonobstant ses égouts, ses impasses, et surtout ses diluviennes gouttières;

Que les lumières y sont si répandues qu'il était inutile que les reverbères l'y fussent davantage;

Qu'afin que ses rues soient propres, il faut y entasser soigneusement les immondices de toutes les maisons;

Que rien n'y rend la voie publique plus sûre que de permettre aux marchands de la laisser encombrée de caisses, de barriques, et de toutes sortes d'ustensiles;

Que le Palais-Royal est l'école des mœurs et de l'urbanité; qu'on y trouve de tout, excepté des filous et des gens de mauvaise compagnie;

Que la police politique peut être vexatoire, et la police civile débonnaire;

Que les lettres-de-cachet ayant été supprimées il a bien fallu perfectionner les bâillons;

Que l'art des provocations a été poussé si loin que jamais les mouchards ne se prennent les uns les autres dans les filets qu'ils tendent à leurs crédules victimes;

Que d'ailleurs rien n'est plus facile aujourd'hui que de reconnaître un mouchard,.... pourvu qu'il porte des bretelles;

Que le même fer a pu river sans qu'aucun ressentiment y eût part, la chaîne flétrissante d'un forçat galeux, et le lien arbitraire d'un jeune desservant de Thémis;

Que pour honorer la bienfaisance il fallait enlever aux malheureux dont il était le père, cet illustre vieillard dont la longue carrière fut toujours exempte d'ambition et remplie de vertus;

Que les feuilles d'un journal peuvent être incendiaires.... lorsqu'elles renferment des artifices;

Que selon la personne qui le place, un pétard peut faire beaucoup de mal ou seulement beaucoup de bruit;

Qu'alors il peut provenir d'une conspiration ou lui servir de prétexte;

Qu'on voit beaucoup de gens décorés qui tous ont bien mérité de l'être;

Qu'il doit en être des indemnités promises aux émigrés comme des cent écus du docteur Bartholo, que le barbier de Séville aimait mieux devoir toute la vie que de nier un seul instant (1);

Qu'en raison du progrès des lumières les

---

(1) L'auteur de la Petite Lanterne Magique peut émettre à ce sujet un vœu favorable : il n'a jamais émigré,

décroteurs sont devenus artistes, et les médecins ont été soumis à la patente;

Que les articles d'un pacte fondamental, concession bienveillante de nos rois si propre à augmenter leurs titres à notre amour et à notre reconnaissance, peuvent être à volonté obligatoires ou réglementaires;

Que les élections sont bien libres, mais ne doivent se faire que par ordre ministériel;

Que les consciences des fonctionnaires publics doivent s'engouffrer dans la large conscience de leurs chefs pour n'en faire ensemble qu'une seule;

Que la liberté de la presse jurée par le monarque n'est point incompatible avec la censure des ministres;

Que le roi avait bien pu vouloir l'union et l'oubli, mais que ce n'était pas là l'affaire de tout le monde;

Que l'essence de la légitimité est de tout purifier, à moins qu'un système machiavélique, dont il faut bien se garder de désigner ici les auteurs pour éviter un procès de tendance, ne cherche à tout corrompre;

---

mais n'en a pas été moins pillé en l'an 2 de la république par le gouvernement d'alors, qui d'un seul coup de filet lui enleva une somme considérable.

Qu'il fut un temps où les ministres étaient si habiles, les députés si clairvoyans et si expéditifs, que le vote d'un budget d'un milliard pouvait se faire aussi lestement qu'un tour de gibecière;

Qu'aussi ne trouvait-on alors presque plus de mendians dans les rues après onze heures du soir;

Qu'un ancien agent du trésor qui réclame une somme de cinquante mille francs pour indemnités et traitemens arriérés d'une gestion importante, doit s'estimer heureux d'un secours provisoire de 60 fr., puisque ce secours peut lui faire un titre au besoin pour obtenir plus tard un billet d'hôpital;

Que le droit de pétition ne doit jamais être méconnu, mais peut être éludé;

Que le canon n'est pas plus la dernière raison des rois que la clôture et l'ordre du jour l'argument le plus fort de certains orateurs;

Que tandis qu'un souverain bienveillant fait écarter ses gardes pour accueillir les pétitions du peuple, des ministres doivent être moins accessibles que des visirs;

Que le roi peut bien accorder des pensions aux savans âgés et infirmes, mais que cela ne saurait empêcher un ministre d'annuler de tels bienfaits;

Qu'autrefois un goujat devait être honnête bien qu'il dût être pendu; que de même aujourd'hui un savant distingué ne doit pas méconnaître le protocole ministériel, lorsqu'à 72 ans et en proie aux infirmités, dans un moment d'humeur ou de mauvaise digestion, un ministre le réduit à l'indigence;

Que les magistrats sont inamovibles, mais peuvent être contraints d'accepter leur retraite;

Que la magistrature ne doit être honorée que lorsqu'elle cède aux influences ministérielles;

Qu'un procureur-général ne doit jamais parler des jésuites, même lorsque comme député il émet une opinion à la tribune;

Qu'après des études convenables un Français peut bien aspirer à devenir notaire ou avoué, pouvu que les ministres veuillent bien le permettre;

Qu'un libraire, un imprimeur, peuvent obtenir leur brevet, mais que ce brevet peut leur être retiré sans procès;

Qu'un protestant est toujours sûr d'être enterré par un ministre de sa religion, mais non un catholique par le sien;

Que les comédiens doivent être excommuniés à Paris quoiqu'ils ne le soient pas à Rome;

Que la rigueur dont usent envers eux certains curés n'est pas d'ailleurs excessive puisqu'ils veulent bien les admettre à présenter l'offrande et le pain bénit;

Que l'enseignement mutuel ne peut être efficace sans avoir pour moniteurs des frères ignorantins;

Que dans tous les cas il ne saurait être utile à l'instruction des détenus;

Que tandis que le roi rallie à lui tous les partis, les ministres doivent être hostiles pour toutes les opinions;

Que l'opposition constitutionnelle est toujours inutile, à moins qu'il ne s'agisse pour certains de ses membres de renverser les ministres afin d'arriver à leur place;

Que la maladie du siècle est de se plaindre, sans quoi il serait impossible de ne pas dire avec Panglos que nous sommes dans le meilleur mode possible;

Que dans tous les temps les derniers ministres ont mieux valu que ceux qui les ont précédés;

Que cette vérité ne cessera de l'être que lorsque les ministres actuels auront fait place à d'autres;

Qu'on ne trouverait pas un seul individu en France qui voulût appeler ce moment de ses vœux;

Que le moyen le plus sûr de rendre les journaux organes de l'opinion, est de les acheter;

Que dans la place qui est assignée aux journalistes il faut toujours les tenir bien éloignés d'un orateur afin qu'ils puissent mieux l'entendre;

Qu'il est impossible de très-bien jouer à colin-maillard dans une chambre basse, et de se casser le coup dans une chambre haute;

Qu'un sûr moyen de garantir du *pléthore* certains préfets et sous-préfets est de les faire postillonner d'un département à un autre;

Qu'un roitelet ( petit oiseau à qui sa vanité a fait donner ce nom ), qu'un roitelet fort en caquetage est bien au-dessus de l'écrivain éloquent qui n'ose pas improviser;

Qu'une opinion ministérielle vaut mieux que la science : que dès-lors l'école Normale n'ayant pour but que de former des professeurs instruits, était devenue inutile;

Qu'on arrive plus sûrement au fauteuil académique par les suffrages de certains bureaux



2

que par le vote trop consciencieux de quelques académiciens ;

Que l'Université de Médecine peut bien être dans l'usage de désigner des candidats au roi, mais que la présentation de ces candidats ne dépend que du ministre ;

Que la bonne ville de Paris, dont les revenus excèdent ceux de plus d'un souverain de l'Europe, ne peut se passer de l'odieux produit des jeux ;

Que la loterie est un impôt moral bien que la veille du tirage de celle de Paris les boulangers vendent moins de pain ;

Que le tarif des postes est trop modéré pour qu'en certains pays on se fasse scrupule de surcharger parfois la taxe ordinaire des lettres ;

Que la mort des contribuables ne doit pas suffire pour faire lâcher prise au fisc, à qui il faut encore une grosse part dans les frais de leur inhumation ;

Que les confiscations défendues par la Charte peuvent être remplacées par de fortes amendes ;

Que dans le doute il faut s'abstenir, ~~de dire~~ ce qui a dû donner lieu à l'invention des procès de tendance ;

Que ces sortes de procès n'ayant jamais pour objet que d'offrir à l'innocence une planche de salut, peuvent d'ailleurs aussi être utiles aux avoués;

Qu'un tourniquet n'empêche pas les gens d'arriver, que c'est là seulement une mesure de prudence pour éviter qu'ils ne s'étouffent en voulant passer tous à la fois;

Qu'un contre-seing ministériel ne peut jamais être inexact, même lorsqu'il déclare mort le fonctionnaire remplacé qui ose soutenir qu'il est encore vivant;

Que d'ailleurs en le disant *décédé* il est toujours sous-entendu qu'on n'a pas exigé qu'il renonçât à la vie, mais seulement à sa place;

Que les priviléges doivent rester abolis pour les castes et les particuliers, et maintenus pour le fisc;

Et regardez bien, Mesdames et Messieurs, ouvrez grandement les yeux, car j'ai gardé le meilleur pour la fin, et vous allez voir ce que vous allez voir; et vous allez voir un grave personnage qui pour vous prendre par le nez va vous parler des tabacs; c'est l'auteur de la Notice sur Anvers, qui se croit un grand publiciste parce qu'il a fait quelques lazzis sur l'Économie politique, et dit des complimens aux belles dames d'Anvers.

Mais, à propos d'auteurs, Mesdames et Messieurs, écrivez-vous quelquefois, et placez-vous des points pour des virgules? ce qui peut arriver même à l'académie des bonnes lettres : en ce cas vous allez voir ce que vous allez voir; et vous allez voir un livre nouveau intitulé : *Principes de ponctuation,* par le prote de M. Plassan, qui a imprimé cette Lanterne et l'a ponctuée d'après sa méthode; et si vous voulez en savoir davantage consultez ce qu'en ont dit plusieurs savans et les journaux.

Et vous allez voir ce que vous allez voir : regardez bien, Mesdames et Messieurs, car pour le coup c'est une dinde truffée tournant dans une rôtissoire nouvelle qui à l'exposition de 1825 a enlevé les suffrages des curieux et des gourmets.

L'empereur Vitellius eût porté aux plus hautes dignités l'inventeur d'une aussi sublime découverte, et lorsque vous saurez, Mesdames et Messieurs, qu'en sa qualité de lampiste cet ingénieux fabricant éclaire les gens les plus instruits de Paris, vous courrez tous rue de la Paix, n° 13, pour acheter chez lui de très-beaux lustres, de magnifiques candelabres, d'excellentes rôtissoires, des fourneaux très-économiques, et bien d'autres ustensiles également utiles ou agréables.

*Maître Corbeau, sur un arbre perché,*
*Tenait en son bec un.....*

Et voilà le ministérialisme ! d'abord mo-
deste instituteur de John Bull,. bientôt il a
pris son essor, et est devenu presque aussi
puissant que la royauté, dont il doit contre-
signer les actes. La capitale de ses états est en
Allemagne, son empire s'étend de jour en
jour, d'heure en heure, d'instant à instant,
parce que chaque jour, chaque heure, chaque
instant, signalent ses hauts faits, et accroissent
ses titres aux bénédictions publiques. En certain pays le nombre de ses membres est celui des merveilles, aussi de quels hommages
n'est-il pas entouré ! Écoutez, écoutez ces clameurs de louanges qui s'élèvent de toutes parts
pour chanter dignement ses bienfaits.

Grand régulateur des principes monarchi-
ques, véritable phénix des conceptions hu-
maines, salut. Toi qui peux régir les affaires de
l'extérieur sans être grand politique, toi qui
pour administrer celles de l'intérieur n'as besoin que de destitutions, toi dont la sévère
justice ne voudrait pas décolorer même une
épingle noire, toi qui après avoir été le plus
grand financier de la terre mourras peut-être
pauvre, comme Pitt..... (*On entend du bruit
au dehors* )..... Disparais ,..... Insolent..... ; et
voilà le diable; lui seul en effet, Mesdames et
Messieurs, pouvait être assez effronté pour

causer ici un tel scandale. Mais quel nombreux cortége le suit! ce sont des destitués, des retraités, des demi-solde, des quart de solde, des sans solde, des petits rentiers, etc., etc., etc., etc., etc., qui le tirent tous par la queue: Et nous l'aurons! Et vous ne l'aurez pas! Mais je vois le *Diable* pâlir..... ah! comme il tremble!.... que va-t-il donc se passer?.... Et voilà Messieurs les anciens censeurs armés de leurs énormes ciseaux (1)..... Pour le coup la queue du Diable est à bas, et je ferme ma petite Lanterne Magique.

A revoir donc, Mesdames et Messieurs. N'oubliez pas, je vous prie, que la faible lueur d'une Petite Lanterne ne saurait jamais égaler la brillante lumière d'un Lustre, et que j'ai grand besoin dès-lors que votre indulgence me tienne lieu de *chevaliers*.

---

(1) Le coutelier Charles, qui a fourni ces excellens ciseaux, fabrique aussi des rasoirs qui au besoin feraient la barbe au Diable. Ses ateliers sont rue du Petit-Lion-Saint-Sauveur, n° 20, et son dépôt au Palais-Royal, Galeries de Bois, n° 230.

# COMPTE COURANT

ENTRE LE

# MONOPOLE DES TABACS

## ET LA FRANCE.

———

L'essence de tout gouvernement représentatif est de rendre la souveraineté l'emblème d'une divinité tutélaire;

D'accroître la puissance des ministres;

De laisser au peuple une plus grande latitude dans la manifestation de ses vœux.

Il suit de là :

Que le roi ne peut jamais se tromper ni mal faire;

Qu'il n'en est pas de même des ministres, mais que l'opinion publique est toujours en mesure de signaler l'abus de leur autorité.

Sur les faits qui intéressent plus essentiellement les libertés ou les immunités publiques, les Français adoptent également les formes du genre sérieux ou celles de l'ironie. L'aménité de leurs mœurs, le genre de leur esprit, les rendent également propres à ces deux manières diverses. Mazarin, qui les connaissait bien, prétendait même que lorsqu'ils chantaient il était toujours certain qu'ils payeraient.

En raison de ces motifs, nous venons de nous expliquer peut-être un peu trop gaîment, mais lorsqu'il ne s'agit plus que d'une matière fiscale la chose n'est pas assez grave pour que nous devions employer d'autre arme que celle du raisonnement.

L'objet de cet écrit est :

1°. De tracer un aperçu rapide des avantages que la liberté de la fabrication des Tabacs a procurés à la France;

2°. D'établir les données les plus approximatives possibles sur la quantité de Tabacs qui se consomment dans le royaume, et les prix moyens ordinaires d'une bonne fabrication;

3°. D'exprimer un vœu pour la suppression du monopole, en indiquant toutefois les moyens de pourvoir à son remplacement, afin de rendre à l'industrie, et même à la culture, les élémens de travail et de prospérité qui leur ont été enlevés;

4°. Enfin d'établir un compte courant entre le monopole et la France, qui fasse ressortir le désavantage provenu du monopole depuis son établissement.

Il est inutile de prévenir ici mes lecteurs que

je n'ai pas la prétention de présenter mes vues comme infaillibles, et le mode de remplacement d'impôt que je propose comme parfait, à beaucoup près.

Je n'ignore pas que la suppression du monopole a été agitée de bonne foi et devant les administrateurs les plus instruits, qui ont reculé à la vue des difficultés. En répétant ce que tout le monde sait aussi bien que moi, que le monopole ne vaut rien comme institution de gouvernement représentatif, qu'il n'est pas même bon comme machine fiscale, je suis loin de me dissimuler les difficultés que présentent sa suppression et le remplacement de ses produits; mais qu'on me permette une comparaison qui peut faire mieux apprécier mes véritables intentions. A la guerre lorsque le péril est imminent hésite-t-on à l'affronter? et néanmoins les soldats qui marchent les premiers au feu savent bien qu'ils courent risque de la vie : eh bien, ici du moins le risque se réduira à prouver que les efforts de mon zèle et de ma bonne volonté auront été insuffisans. Je serai vraisemblablement tué par les millions du monopole, mais l'attaque entreprise, sinon avec assez d'habileté du moins avec courage, de nouvelles attaques mieux combinées auront. lieu , et la forteresse sera enfin emportée.

§. 1<sup>er</sup>.

On n'a peut-être pas assez apprécié ce que durant des temps de troubles, de pillage, et de dilapidations de tous genres, la France a dû à la fabrication libre des tabacs. La liberté de cette fabrication a duré près de douze années : dans cet cet intervalle elle a fourni du pain à des milliers d'ouvriers répandus sur toute la surface de l'é-tat ; ce sont ces ouvriers qui, par leur industrie et par l'effet d'une existence plus aisée, ont compensé en grande partie ce que la France perdait d'hommes et de trésors dans les guerres qu'elle eut à soutenir contre l'Europe entière.

Dans l'origine les tabacs en feuilles venant de l'étranger admis à des droits modérés , attirèrent dans nos ports ( alors presque déserts) un grand nombre de vaisseaux américains.

De là des échanges qui eurent des avantages inappréciables. Pour une matière première indispensable à nos habitudes, les Américains mirent à haut prix une de nos denrées surabondantes qui était nécessaire à leurs besoins. Une heureuse neutralité leur permit de s'emparer du monopole presque exclusif de cette denrée, et le même peuple qui nous apportait

les élémens d'une industrie nouvelle infiniment profitable, devint le facteur de la France
pour des exportations que lui seul en quelque
sorte eut alors la faculté de faire. De là des
enlèvemens immenses de nos vins et eaux-de-
vie qui firent rentrer en France une grande
partie du numéraire qui en avait disparu ; de
là une riche et grande industrie; de là encore
l'établissement d'une culture nouvelle qui
donna une plus grande valeur à nos proprié-
tés rurales, et devint bientôt une des branches
les plus productives de notre agriculture.

Ce n'est pas trop évaluer les avantages qui
provinrent d'un tel ordre de choses, que de
les supputer à près d'un milliard (1).

On pourra reconnaître, au contraire, par

---

(1) Savoir : 1° pour le bénéfice de cette fabrication
pendant douze années, à soixante-dix millions par an
pour la consommation de la France, et d'une partie de
l'étranger, 840 millions; 2° pour le bénéfice sur la culture des terres ensemencées en tabacs ou autres profits
provenant du séjour des Américains dans nos ports, de
l'excédant de prix donné par la facilité de ces échanges à
nos vins et eau-de-vie dans le même intervalle de douze
années, évalués à raison de dix millions par an, y compris les droits de douanes et de consommation qui se
percevaient alors, 120 millions.

le Compte courant du monopole avec la France, qui terminera cette dissertation, que dans les vingt années de sa durée le monopole a coûté à la France, indépendamment des quarante millions par an qu'il perçoit, une somme de plus d'un demi-milliard.

Les avantages de la fabrication libre, tout contrariés qu'ils furent dans la suite par des perceptions fiscales plus ou moins vexatoires, pullulaient sans cesse des millions, lorsque le gouvernement fit comme le laboureur de La Fontaine, et, non content des œufs d'or, tua la poule qui les pondait.

Des milliers de fabricans, la plupart pères de famille, et un nombre incroyable d'ouvriers de tout genre, parmi lesquels on comptait beaucoup de vieillards, de femmes et d'enfans, furent ruinés ou restèrent sans ressources. Telles furent les conséquences immédiates de la désastreuse mesure financière qui enleva aux campagnes sur toute la surface de la France, un travail qui les vivifiait, pour le concentrer dans un petit nombre de grandes villes dont il contribua à vicier davantage les mœurs.

Ce n'est pas que par suite le gouvernement ne parvînt à tirer parti du monopole : lorsque par l'abus de la force et la violation du droit le plus sacré, celui de la propriété, on s'arroge la vente exclusive d'un article d'aussi immense consommation, qu'il dépend de soi d'en fixer le prix à un taux considérable, il est évident qu'on peut compter sur des bénéfices énormes; mais la perte en est-elle moins effective pour la France, si la fabrication des tabacs, qui pourrait rendre aux fabricans libres cent millions par an, n'en rend pas quarante-un au gouvernement, pour le compte de qui elle est exploitée aujourd'hui?

En Espagne l'eau-de-vie se vend pour le compte du roi. Sans doute ce monopole, qui nuit à la culture, est productif pour le trésor; mais en fait d'administration fiscale, était-ce en Espagne qu'il fallait aller choisir ses módèles !

Lorsqu'en 1814 le prince d'Orange prit possession du royaume des Pays-Bas, il y trouva établi le monopole des tabacs, dont le gouvernement impérial avait aussi gratifié ces peuples; mais le roi Guillaume, bien qu'alors son ministre des finances ne fût point chef de secte en économie politique, se garda bien d'adopter une telle mesure : il répudia le monopole à l'instant, et par cette disposition salutaire rendit au commerce, à la culture, et à l'industrie des Pays-Bas, des ressources immenses. L'effet de la contrebande journalière, de la Belgique en France, excitée par les prix élevés du monopole, accroît journellement ces ressources.

Cette contrebande insensible, de tous les jours, de tous les instans, en raison du contact de nos frontières, est considérable, et occasione une double perte à la France; et néanmoins les tabacs fabriqués en France du temps de la liberté de la fabrication, étaient si fort goûtés en Belgique qu'encore en 1820 j'ai vu vendre, dans les principales villes des Pays-Bas, le meilleur et le plus cher sous le nom de tabac de Paris.

J'ai payé à Gand, à la même époque, du tabac 12 sous du pays ( 22 sous de France ) la livre, et ce tabac valait celui que le monopole fait payer 4 francs. Le tabac est une des branches de l'industrie belge qui exerce un effet contraire à toutes les autres : des fabricans de toiles imprimées de Gand, des blanchisseurs de Menin, etc., sont venus transporter leur industrie à Lille; des Lillois, par contre, ont été à Menin pour y élever des fabriques de tabac.

Dans deux Etats contigus, il est impossible
de maintenir des prix triples sans donner lieu
à une fraude immense.

En 1805, le tabac râpé ou mouliné qui se
débitait en Espagne pour le compte du roi,
s'y vendait 10 fr. 20 c.; alors, les habitans des
villes des frontières de France faisaient à l'é-
gard de l'Espagne une contrebande sembla-
ble à celle que les Belges font aujourd'hui à
l'égard de la France; le gouvernement ne per-
cevait pas la moitié de l'impôt (1).

- - - - - - - - - - - - - - - - - - - - -

(1) Comblé de grâces et de bienfaits par le gouvernement espagnol en 1805, et muni des recommandations
les plus honorables qui m'avaient été données au nom du
roi pour plusieurs de ses ambassadeurs et consuls du
nord de l'Europe ( ces lettres sont encore en mon
pouvoir), j'eus plusieurs conférences avec le ministre
contador - général don Manuel - Sixto Espinosa. Cet
administrateur éclairé voulait le bien ; il était convaincu
du vice de l'impôt, et connaissait à merveille la contrebande à laquelle il donnait lieu : il me demanda un
travail à ce sujet, et je le lui fournis, mais il tremblait
devant deux puissances terribles alors en Espagne, celle
de l'habitude et celle des priviléges. En France, me disait-
il, toutes les améliorations sont possibles : vous n'avez là
qu'une seule volonté, qui s'étend sans obstacle depuis le
centre jusqu'à tous les points de la circonférence; vos
sous-préfets aspirent à devenir préfets, les préfets con-

A son retour en France, Charles X, témoin de l'exaspération à laquelle donnait lieu l'exercice des droits-réunis , et mû par un sentiment spontané de conviction sur l'odieux de ces droits, en fit espérer l'abolition pour des circonstances favorables : cette espérance devenait d'autant plus probable qu'alors le ministre du roi en France était connu par son zèle et ses principes en économie politique ; c'était là, en effet, pour la doctrine une belle occasion de prouver sa supériorité sur la rou-

---

seillers-d'état, les conseillers-d'état sénateurs, etc., etc. ; nul grand corps intermédiaire dont il faille ménager les préjugés, les opinions ou les habitudes. Ici nos provinces ont formé anciennement des royaumes qui tous nous opposent à la moindre tentative leur constitution, qu'il faut respecter ; la Biscaye a ses priviléges, l'Arragon les siens, etc., etc. Vous pouvez marcher à pas de géant à Paris, nous ne pouvons pas toujours aller même à pas de tortue à Madrid.

Peu de temps après l'époque dont je parle, l'affaire d'Austerlitz eut lieu, l'Europe fut bouleversée, les Anglais changèrent de système de neutralité : ils menacèrent la Hollande, par suite nous envahîmes l'Espagne ; mes rapports particuliers avec ce gouvernement cessèrent, mais non ma reconnaissance, dont je me plais à déposer ici ce faible témoignage.

tine administrative; mais il n'y a rien de plus difficile, dit-on, que de sortir un administrateur de son ornière, et ici l'ornière était si profonde que nonobstant ses principes précédens le ministre n'osa pas en sortir.

Ces considérations émises, passons à l'évaluation des quantités de tabacs qui peuvent être consommées en France, et déterminons une moyenne proportionnelle des prix ordinaires de cette fabrication.

## §. II.

La France compte 30,500,000 habitans : j'établis la consommation de chaque habitant l'un portant l'autre à un demi-kilogramme de tabac par an, ce qui éleverait celle du royaume à 15,250,000 kil. ou 30,500,000 liv.

Ce calcul ne paraîtra sans doute exagéré à personne; M. Fabre de l'Aude, M. de Guer, et autres publicistes, l'ont porté bien plus haut; voici d'ailleurs des faits qui peuvent servir de contre-épreuve.

Du temps de l'ancienne ferme ( voyez mes *Réflexions sur le commerce de France*), époque à laquelle on ne comptait en France que 21 millions d'habitans soumis au régime

de la Ferme, ces 21 millions d'habitans con-
sommaient 16 millions de livres de tabacs, à
quoi il fallait ajouter un cinquième de fraude
avoué par les fermiers.

En partant des mêmes bases, 31 millions
d'habitáns doivent donc consommer 29 millions de livres.

Ce calcul est fondé sur un fait positif, mais
il faut observer de plus qu'à l'époque dont il
est ici question il y avait à Valence un tribu-
nal spécial qui condamnait à mort, ou tout au
moins aux galères, les contrebandiers de
tabac;

Qu'en outre depuis la révolution l'habitude
de prendre du tabac, et surtout celle de fumer
contractée aux armées, sont devenues bien
plus générales: la consommation actuelle doit
donc dépasser 15,250,000 kil. ou 30,500,000 liv.

Il résulte néanmoins du compte rendu par
M. le Directeur-Général des contributions indirectes ( session de 1824 ), que la totalité des
ventes de tabac faites par la Régie en 1822, ne
s'est portée qu'à 12,261,760 kil. ; mais vu le
prix très-élevé des tabacs fixé par la Régie, il
est évident, et personne ne peut contester ce
fait, que la totalité des ventes du monopole
n'est pas la totalité de la consommation de la

France. Pour que cela pût être ainsi, il faudrait admettre que la Belgique, la Hollande, les états du Rhin, où le tabac ne coûte guère que le quart de ce qu'il est vendu en France, ne nous en envoyassent point en contrebande; or cette fraude, qui est considérable parce qu'elle se fait sur tous les points de nos frontières tous les jours et à chaque instant, ne donnât-elle lieu qu'à un cinquième d'excédant, il en résulterait que la consommation réelle de la France nivellerait, dépasserait même, mes calculs. Dès-lors M. le Directeur-Général, et moi aurions tous deux parfaitement raison.

Voilà quant à la consommation ; essayons à présent de déterminer une moyenne proportionnelle des prix auxquels du tabac fabriqué pareil à celui de la Régie pourrait être vendu au public en laissant au fabricant un bénéfice honnête.

Avant la révolution, et encore en 1789, la Ferme générale payait les tabacs en feuilles des États-Unis, de 24 à 30 fr. le quintal, marc, dans nos ports; mais d'une part la Ferme générale, qui n'était pas tenue aux considérations de la Régie, pouvait acheter à meilleur prix, et de l'autre, à mesuré qu'il a fallu porter plus avant dans l'intérieur des États-Unis la culture du tabac, soit parce que le terrain a été épuisé ou qu'il est devenu plus précieux, le prix de ces feuilles a augmenté. Les belles qualités qui ne se payaient en France que 24 à 30 fr. en 1789, en valaient 40 en l'an 10, et coûtent aujourd'hui, m'a-t-on assuré, de 10 à 12 piastres dans les États-Unis, ce qui en établirait le prix sur les lieux aux environs de 60 à 70 fr. les cent livres.

Mais, va-t-on m'observer, la Régie paie à des prix bien plus élevés certaines qualités de tabac de séve particulière, qui sont indispensables à ses besoins, pour faire des tabacs de qualité supérieure ou corriger la mauvaise qualité des feuilles indigènes qu'elle est obligée d'employer dans la proportion des cinq sixièmes de ses fabrications.

A cela je réponds que s'il est des tabacs en feuilles que la Régie paie à haut prix, il est aussi des qualités de tabac fabriqué qu'elle vend au prix énorme de 10, 14 et même 20 fr. net pour elle des frais du débitant.

Je pourrais entrer ici dans de longs détails sur les causes qui occasionent en général l'augmentation de prix des tabacs étrangers que la Régie est contrainte d'acheter, et sur celles qui en raison des entraves de la culture des tabacs en France, contribuent à rendre plus chère et plus mauvaise la qualité de nos feuilles indigènes, mais l'examen de ces causes pourra être développé plus tard ; je me bornerai à partir d'un fait qui est positif et sans réplique.

En 1818 et 1819, époque ou j'habitais momentanément la Belgique, j'ai acheté d'un fabricant bien connu ( et certes je n'ai pas été le seul ) du tabac en poudre d'une qualité passable équivalente à celui que la Régie vend 4 fr. le demi-kil., et je l'ai payé 12 sous du pays, 22 sous de France, la livre (1).

Or bien certainement ce fabricant ne vendrait pas à perte, ce n'est pas là l'habitude des Belges, et le fabricant que je cite n'était pas d'ailleurs le seul qui vendît le tabac à ce prix ; il faisait en outre une remise raisonnable aux marchands ou débitans.

---

(1) La Régie a bien connu la difficulté de maintenir ses prix ordinaires dans certains de nos départemens frontières auxquels elle livre des tabacs de cantine à des prix beaucoup plus bas. Qu'en résulte-t-il ? c'est que ce même tabac se reverse en fraude dans les départemens voisins. Du moins en ce cas, la fraude profite-t-elle à des Français ; encore n'est-t il pas certain qu'elle leur profite exclusivement.

A présent voudrait-on nier que ce que les fabricans Belges font à cet égard, les fabricans français ne pussent le faire aussi toutes chances égales? je ne dois pas le supposer.

Le prix de 22 sous la liv. ou le demi-kil. peut donc être adopté pour moyenne proportionnelle de celui auquel les tabacs ordinaires pourraient être vendus en France, si la fabrication y était libre et sans droits.

Dès-lors le calcul est bien aisé à établir: sur une consommation de 30,500,000 liv. au prix de 4 fr., le produit des tabacs, au lieu de se porter à 40,395,594 fr. (1) pour le fisc, s'éleverait à 122 millions pour la France.

Ce fut sur les données que je viens de présenter, émanant de renseignemens puisés dans les registres de l'ancienne Ferme générale ou fournis par quelques-uns des fabricans qui lui avaient succédé, que sur l'invitation de M. D***, ex-receveur des Fermes, je rédigeai, vers la fin de l'an 10, un plan qui fut présenté au gouvernement, et dont je vais donner ici une ana-

---

(1) J'y ajouterai même si l'on veut les 8,421,927 fr. 86 cent. de frais d'exploitation de fabrication de la Régie, dans lesquels les transports sont compris pour 1,431,000 fr. 28 cent.

lyse succincte, après avoir exposé toutefois l'historique de cet événement.

Je venais de publier mon Mémoire historique et politique sur le commerce de l'Inde, pour combattre le privilége qui vraisemblablement eût été imposé à la France si la petite paix de l'an 10, au lieu d'arriver sous le consulat, fût survenue sous l'empire. M. D*** était alors fabricant de tabac à Paris ; il avait perdu son état ancien et tenait à conserver son état nouveau : se fondant sur l'initiative que j'avais prise pour défendre la liberté du commerce de nos ports, il invoqua les mêmes principes pour me proposer de prendre aussi la défense des fabricans de tabac, dès-lors assez inquiets sur leur sort.

Les fabricans abusent d'une concession fortuite, lui objectais-je, et l'abus qu'ils en font finira par la faire révoquer. Qu'y aurait-il de bon à dire en leur faveur, lorsque les tabacs qui sous l'ancienne Ferme produisaient au gouvernement une somme très-considérable, ne lui rapportaient plus d'après le compte rendu par le ministre Ramel, qu'une somme de 1,600,000 fr., qu'on a eu bien du mal à faire arriver à cinq millions?

M. D*** n'insista pas, mais ayant à cœur d'en

venir à ses fins, il se concilia avec les principaux fabricans, tels que MM. Robillard oncle et neveux, de Paris, MM. de Lafraye, Chaussé et compagnie du Havre, etc., etc., et présenta au gouvernement les moyens d'élever l'impôt jusqu'à 10 millions, pour lesquels il offrit des garanties. Il ne fut pas sans espérance de voir accepter cette proposition. J'ai en mon pouvoir le projet de loi, sa soumission, et l'adhésion des fabricans, qui furent imprimés à cette époque; néanmoins cette offre ne fut point acceptée. Ayant perdu tout espoir, M. D***. revint me trouver; alors en partant d'autres principes, qui cependant tendaient au même but ( le maintien de la fabrication libre ), nous étant réunis M. D***, M. T***, ancien directeur-général des Fermes, et moi, je rédigeai les propositions dont voici une analyse succincte :

1°. Suppression de tous droits de douane à l'entrée des tabacs en feuilles venant de l'étranger, hors un modique droit de balance; suppression des droits de consommation;

2°. Les fabricans existans maintenus sans distinction dans la possession de leur état;

3°. Liberté à ces fabricans de fabriquer pour vendre à l'étranger telles quantités de tabacs

qu'ils pourraient y déboucher sans être assu-
jétis à aucun droit.

4°. Mais les tabacs destinés à la consommation de la France, devaient être exclusivement
livrés par eux à une compagnie ou régie particulière qui aurait à les leur payer comptant
avec un bénéfice de 25 pour cent :

5°. Précautions indiquées pour que ni les
fabricans ni la Régie ne pussent être lésés dans
leurs transactions;

6°. La Régie s'engageait à ne vendre les tabacs au public que trois sous l'once au lieu
de cinq, prix de l'ancienne Ferme : c'était
même là une précaution de sa part prise dans
ses intérêts, afin d'empêcher toute contrebande étrangère;

7°. Elle devait payer au gouvernement une
somme de 15 millions par an. Le prix de la
Régie étant de 30 sous par livre moins élevé
que celui de l'ancienne Ferme, et le gouvernement pouvant plus tard élever graduelle-
ment les prix, chaque sou par livre d'augmentation sur une consommation de 30 millions de livres, assurait à l'État un excédant
de 1,500,000 fr.; dès-lors au fur et à mesure
que les circonstances le permettraient ou l'exi-
geraient, cette augmention arrivée à son maxi-

mum pourrait produire au gouvernement, à
qui seul elle devait profiter, un excédant gra-
duel de produits de 45 millions en sus des premiers 15 millions payés par la Régie.

Le gouvernement serait donc arrivé à percevoir bien au-delà de 60 millions par an de
cet impôt, en raison des accroissemens considérables de territoire qu'il ajouta successive-
ment à l'empire à dater de cette époque.

Il serait inutile d'entrer ici dans plus de détails. Le Mémoire que j'avais rédigé à ce sujet
fut tiré à vingt exemplaires, il m'en reste un
dont j'offre la communication à telle autorité
compétente, si après avoir consulté M. le
comte Chaptal (1), qui en eut connaissance
dans le temps, l'opinion du savant et noble pair
peut en faire naître le désir.

## §. III.

*De la suppression du monopole et de son
remplacement.*

La suppression du monopole des tabacs est

---

(1) MM. Dauchy et Regnault de Saint-Jean-d'Angély,
alors conseillers-d'état, M. Guieu, qui fut nommé plus
tard conseiller à la cour de cassation, etc., etc., eurent
une parfaite connaissance de ce Mémoire, mais n'exis-
tent plus.

un des grands bienfaits qui puissent être accordés à l'industrie et à l'agriculture de la France. Cette suppression est possible, par cela seul que le roi qui était, en 1814, l'espoir de la France, en est devenu l'idole. Mais de plus aujourd'hui, où la rente est au-dessus du pair, où le crédit est immense, où les partis ont disparu, où la septennalité affranchit le ministère de l'embarras des élections annuelles, où la France, en un mot, est tellement saturée de richesses, que les ministres sont plus somptueusement logés que la plupart des souverains de l'Europe ; rien n'est plus facile que de percevoir les impôts nécessaires aux besoins du roi et de l'état : il suffit que la répartition s'en fasse d'une manière juste, et qui, en conservant à la propriété tous ses droits, ne porte préjudice ni à l'agriculture ni à l'industrie. Un budget d'un milliard n'offre-t-il donc pas assez de ressources ?

On objectera que c'est surtout lorsqu'il s'agit d'impôts qu'il est imprudent d'innover, même pour améliorer.

Mais lorsqu'on a innové en violation du droit de la propriété et au préjudice de la culture et de l'industrie, pourquoi être si scrupuleux lorsqu'il s'agit de réparer de telles atteintes et de si graves dommages!

Les circonstances d'ailleurs semblent l'exiger en ce moment.

Ces circonstances, et ici je souhaite me tromper, proviennent de la position toute particulière dans laquelle le gouvernement des Pays-Bas, mû par les besoins de ses peuples, peut-être aussi par les instigations du cabinet britannique, cherche à placer le gouvernement français : ce gouvernement propose des échanges commerciaux; or, le gouvernement français ne peut intervertir l'ordre actuel, c'est-à-dire, consentir à des échanges sans froisser quelques intérêts. Il serait dérisoire, sans doute, de prétendre que le gouvernement des Pays-Bas provoquât un traité quelconque de ce genre, si ce n'était pour favoriser quelques-unes des branches de son agriculture ou de son industrie, qui souffrent de la privation des immenses débouchés de la France.

Dès-lors les intérêts qui se croiront lésés par le traité ne manqueront pas de se plaindre, tandis que ceux que le nouvel ordre de choses favorisera, ne verront en cela qu'une justice qui leur aura été tardivement rendue. De là, de la part de l'étranger jaloux, l'espérance de quelques mécontentemens intérieurs.

Que si, au contraire, le gouvernement français refuse les échanges proposés, autre inconvénient : on répétera avec plus d'amertume que la France est exclusive. De là de l'aigreur, des dispositions plus ou moins hostiles du dehors.

Il convient de dire un mot ici sur ce qui a eu lieu dans le royaume des Pays-Bas, relativement à nos vins. En 1820, époque où j'habitais accidentellement le Brabant, une barrique de vin, dont la valeur, à Bordeaux, était de 40 à 50 fr., payait 81 fr. de droits d'entrée ou de consommation à Anvers : le gouvernement Neerlandais crut nuire à nos exportations de ce genre par ces droits élevés. Qu'en résulta-t-il ? une grande contrebande sur nos eaux-de-vie, qu'on introduisit en Belgique (1), et un débouché plus considérable de nos vins com-

---

(1) Cette contrebande se faisait très-lestement dans la nuit; les fraudeurs transvasaient une barrique d'esprit de vin dans des vessies qu'ils enlaçaient autour de leur cou. De grandes quantités d'eau-de-vie ont été facilement transportées en fraude, par ce moyen, de France dans les Pays-Bas.

muns, dont, en raison des immenses quantités récoltées, nous sommes plus embarrassés.

Les Anglais, qui ne se déterminent pas aussi facilement que les Belges à boire habituellement des vins communs, sont, dit-on, à la veille de prendre une tournure plus adroite : on assure qu'il est question, chez eux, de réduire les droits sur nos vins au même taux de ceux de Portugal; c'est le seul moyen de les boire à plus bas prix.

En l'état actuel, le premier point est de conserver la paix autant que possible; dès-lors il faut essayer de céder aux besoins des peuples voisins.

Mais le second est de profiter des circonstances, pour que l'agriculture et d'autres branches qui devront ou pourront être lésées par les échanges à admettre, puissent être suffisamment indemnisées, et que, dans tous les cas, il y ait une telle masse de clameurs favorables que celles-ci fassent taire les autres.

Les fromens, qui devraient se vendre 26 fr. la mesure dans certains cantons de la France, pour indemniser les cultivateurs de leurs frais, sont tombés à 20. Les céréales sont à bas prix partout, et les immenses approvisionnemens que nous en avons (faits pour calmer toute inquiétude de ce genre) rendent plus nécessaires, en faveur d'autres cultures, la suppression du monopole des tabacs.

La chose est néanmoins un peu moins facile en ce moment. La guerre d'Espagne, qui a couvert de gloire les armées françaises et leur illustre chef, a diminué les fonds disponibles du trésor, mais quelles difficultés ne pourraient être vaincues par l'amour et la confiance des Français pour leur roi, par leur reconnaissance et leur admiration pour les vertus et les faits éclatans de son si digne fils? Mais le monopole supprimé, il faut pourvoir au remplacement de ses produits.

Ce n'est point à un particulier qu'il appartient de tracer le plan le plus parfait de ce remplacement. Lorsque l'établissement des droits-réunis, la plus grande de toutes les monstruosités fiscales, a si bien prouvé que l'administration elle-même pouvait autant méconnaître les vices d'un impôt; lorsque le maintien de l'odieux produit des jeux et la conservation de la loterie prouvent encore si bien que l'administration, toute éclairée qu'elle peut être, tient plus au produit qu'à la nature des perceptions, comment un simple particulier, sans données et sans communications suffi-

santes, sans avoir soumis ses projets à des dis-
cussions approfondies et compétentes, oserait-
il concevoir l'idée d'un remplacement qui ne
laissât ni vide ni imperfections, alors qu'il
s'agit surtout de suppléer à la suppression d'un
revenu qui n'est immense que parce qu'il est
injuste, vexatoire, et infiniment préjudiciable
à l'industrie et à la culture ?

Tout en convenant de la difficulté, par ces
motifs, je n'en essayerai pas moins de présenter un plan que je n'ai point la prétention
de proposer comme parfait, mais seulement
comme preuve que la chose est possible,
sans valoir moins que ce qu'elle a pour objet
de remplacer.

Le lecteur n'oubliera pas qu'il n'est ici question que de la suppression partielle du monopole des tabacs, et non de celle des droits-
réunis en entier.

On objectera qu'en l'état actuel le monopole a été prorogé pour sept ans, d'après les
concessions législatives.

Mais le peuple n'en saura que plus de gré
au roi de renoncer avant le terme fixé à une
perception odieuse, et, par cette renonciation
anticipée (ne fût-ce que de cinq ans) le gouver-

nement n'en aquerra que plus de titres à la perception des impôts mis en remplacement.

J'observerai d'ailleurs qu'à moins que le gouvernement n'ait la ferme volonté de perpétuer le monopole, il faudra·bjen tôt ou tard aborder franchement la question de sa suppression. Or plus on différera à le faire, plus les difficultés s'accroîtront. Ces difficultés, cela est assez probable, n'atteindront pas le ministère actuel, mais en seront-elles moindres pour le ministère qui lui succédera, en serontelles moins grandes en un mot pour le gouvernement?

Ces données incidentelles acquises, je passe au mode de remplacement.

### Mode de remplacement.

Un impôt sur le luxe (1) pour . .    4 millions.

Augmentation des cotes personnelles (2). . . . . . . . . . . . . . . . . 12

Impôt direct sur la fabrication nouvelle du tabac, tel que patentes non-seulement pour les fabricans, mais encore pour leurs ouvriers; droit sur les ustensiles . . . . . . . . 20

                        36

______

(1) Voyez la note page 5o.—(2)Voyez la note page 51.

> *D'autre part.* . . . . . .   36 millions.
>
> Augmentation de l'impôt foncier
> sur les terres ensemencées en tabac.   1
>
> Excédant du produit des douanes
> en raison de droits nouveaux à éta-
> blir sur les objets étrangers qui
> pourront être admis en échange. .   5
>
> 40

---

(1) Je dois ici aller au-devant des objections qui peuvent être faites relativement à un impôt sur le luxe. Je ne me dissimule pas qu'en général ces sortes d'impôts sont peu productifs, parce qu'ils sont souvent éludés, et qu'ils tendent à diminuer le travail et les consommations pour peu qu'ils soient considérables. Mais quel que soit l'impôt de ce genre à établir en remplacement du monopole, ce nouvel impôt pourra-t-il exercer sur le travail et les consommations une influence plus funeste que l'ancien, c'est-à-dire, que le monopole qu'il aura pour but de remplacer en partie?

Qu'on ne perde pas de vue, d'ailleurs, que je ne fais que proposer un exemple, et qu'une discussion éclairée et faite de bonne foi, doit être préalable à tout essai de ce genre. Qu'est-ce donc tant qu'une substitution d'impôts de quelques millions sur un budget d'un milliard? A la rigueur si on le voulait bien, on pourrait la trouver dans des économies. Aurait-on déjà oublié qu'il fut un temps très-rapproché de nous où le gouvernement n'avait

On observera que je ne parle ici d'aucun droit de douanes à mettre sur les tabacs étrangers, ce qui laisserait encore quelque marge.

Il ne faut mettre en ligne de compte les cautionnemens à rembourser, que pour citer cette preuve de plus de l'abus qui peut résulter de ces sortes de levées, car ces cautionnemens doivent se trouver dans les caisses de

---

que 400 millions de revenu, et où la France entretenait une armée et une marine formidables ?

Eh quoi ! avec un budget d'un milliard, les ministres actuels ne pourraient faire aucune amélioration de ce genre !.... Et cependant de quels malheurs la France n'eût-elle pas été préservée si l'infortuné Louis XVI eût eu seulement un budget de moitié de cette somme ?

(2) Le tabac est devenu un besoin presque de première nécessité pour une grande partie de la population. Les consommateurs ordinaires en prennent une livre par mois : dans les basses classes de la société il y a beaucoup de consommateurs pour qui cet impôt est énorme. Que serait une augmentation de 1, 2 et même 3 fr. sur la cote personnelle de l'ouvrier, et sa femme à qui il faut 10, 12 et même 18 liv. de tabac par an ? Ils la retrouveraient bien au décuple. L'augmentation atteindra, dira-t-on . celui qui ne consomme pas ? Il est impossible d'en disconvenir ; mais tant d'autres auront moins à payer, tant d'autres verront se multiplier les élémens du travail, que l'inconvénient sera moindre que les avantages.

l'état, et il ne peut en avoir été fait une ressource abusive.

Je me résume et je dis :

Que ce que le monopole produit au gouvernement n'équivaut pas au tiers de ce que la liberté de la fabrication des tabacs produirait à la France ;

Que les bénéfices provenant de la liberté de la fabrication se répartiraient sur toute l'étendue du royaume, et vivifieraient indistinctement tous les départemens;

Que le monopole, faisant payer les tabacs à des prix très-élevés, il en résulte un énorme excédant de dépense pour certains contribuables ;

Que la liberté de la fabrication tournerait au profit des contribuables en général, et que dans tous les cas l'impôt, mis en remplacement du produit du monopole, serait infiniment moindre que le montant de l'impôt supprimé;

Que dès-lors le gouvernement ne perdrait rien, tandis que la masse générale des contribuables gagnerait beaucoup;

Que le monopole n'ayant pour but possible que de pourvoir aux consommations intérieures de la France, enlève à la France le bénéfice considérable que les fabricans libres trouveraient à faire sur les débouchés étrangers ;

Qu'à la privation de ce bénéfice il faut ajouter le tort que fait éprouver à la France la contrebande immense qui se fait par l'introduction frauduleuse de tabacs fabriqués dans l'étranger ;

Qu'il faut ajouter à ces pertes celles de la culture; car, depuis quelques années, la culture des céréales n'indemnise pas les agriculteurs des frais de leur exploitation.

Cela posé, établissons le compte courant entre le monopole des tabacs et la France.

## §. IV.

### *Compte courant entre le monopole et la France.*

Afin que ce compte paraisse plus clair et que le résultat puisse en être plus facilement saisi, je dois entrer ici dans quelques détails :

1°. Par le premier article du débit du monopole j'établis que si la fabrication des tabacs était libre en France, les fabricans ordinaires pourraient vendre à raison de 2 fr. 20 c. le kilogramme de tabac passable, comme celui que la Régie actuelle fait payer 8 fr. au public, et y trouver un bénéfice honnête.

En voici la preuve :

Prix du tabac en feuilles propres à cette fabrication (moitié Virginie et moitié indigène), à raison de 140 francs le quintal métrique, ci. . . . . . . . . . . . . . . . . . . . . . . 140 fr.

Frais de fabrication à 30 c. le kil.   30

170

Différence, faisant ressortir pour le fabricant un bénéfice de 29 $\frac{1}{3}$ pour $\frac{0}{0}$.   50

Total. . , . 220 fr.

Une preuve surabondante à ce calcul, et sans réplique, est ce qui se passe à Gand, où du tabac pareil se vend 22 sous de France la livre. Vainement objecterait-on que le grand poids de Gand est d'environ 7 pour cent moindre que le nôtre : ne dût-il rester au fabricant que 22 pour cent de bénéfice, ce bénéfice serait déjà d'autant plus suffisant qu'ici je n'admets le mélange des feuilles indigènes que dans la proportion de moitié, et que la régie les emploie dans celle des cinq sixièmes.

2°. De ce que la régie n'a vendu, en 1822, que 12,261,761 kilogrammes de tabacs, personne de bonne foi ne voudra en conclure, je pense, que la consommation de la France ne doit pas excéder cette quantité. Je crois donc inutile de répéter ici ce que dans le cours de cet écrit j'ai avancé à cet égard. On a vu les données qui avaient servi de base à mes calculs pour évaluer la consommation de la France à 15,250,000 kilogrammes, dès-lors j'ai dû porter au débit du monopole le bénéfice des contrebandiers ; mais les contrebandiers vendant le tabac moins cher que la Régie, et cette diminution de prix profitant aux consommateurs français, je n'ai débité le monopole sur les 2,988,239 kilogrammes introduits en fraude qu'à raison de 2 fr. 80 c. par kilogramme : différence entre le prix de 2 fr. 20 c., auquel le fabricant ordinaire pourrait vendre ses tabacs, et celui de 5 fr. auquel les contrebandiers vendent le leur.

3°. Puisque malgré ses hauts prix de 7 fr. 20 c. à 10, 14 et 20 fr. le kilogramme, la Régie a exporté à l'étranger, en l'an 1822 , une quantité de 17,554 kilogrammes, pour lesquels elle a généreusement accordé une prime ou escompte de 32,663 fr., qui fait presque 2 fr. par kilogramme, je pourrais naturellement en conclure que les fabricans ordinaires, en bornant leurs bénéfices à 1 fr. par kilogramme, moitié de la prime accordée par la Régie au commerce, et en faisant jouir leurs vendeurs des énormes bénéfices faits par la Régie, pourraient se procurer d'immenses débouchés à l'étranger; dèslors je serais, par suite, autorisé à apprécier ces bénéfices, pour les porter au débit du monopole. Je ne le fais pas néanmoins, afin qu'on ne puisse pas m'accuser d'avoir cherché à grossir le débet du monopole. Je me borne à porter ces bénéfices de la fabrication libre seulement pour mémoire, et laisse aux personnes compétentes le soin de les évaluer.

4°. J'en fais de même relativement aux avantages qui pourraient provenir, pour la France, de la culture plus générale, plus soignée et soumise à moins d'entraves des tabacs, sans l'existence du monopole.

Quant au crédit du compte courant,

5°. J'ai dû tenir compte au monopole de la somme versée par lui au trésor, en 1822, provenant du bénéfice net de ses ventes.

6°. J'ai fait plus, et l'ai crédité même de ses frais de fabrication, bien que la quotité de ses frais fût presque double de celle de la fabrication libre, lesquels peuvent être établis à 30 fr. par quintal métrique, au lieu que ceux de la fabrication du monopole (les frais de

transport non compris en 1.431,1000), dépas-
sent 58 fr. 5o c.

Ce qui m'a déterminé à cette allocation,
c'est que ces frais, quelle que soit leur quotité,
tournant à l'avantage des préposés, des agens,
et des ouvriers du monopole, n'en sont pas
moins un profit pour les Français qui en jouis-
sent, et doivent être passés dès-lors au crédit
du monopole qui les leur procure.

Il ressort de ce compte qu'en 1822 le monopole a bien versé 40,395,d94 fr. dans les caisses
du trésor public, mais qu'il n'en a pas moins
occasioné à la France une perte de 32,038,872
fr., non compris celles portées seulement pour
mémoire.

D'où il suit que depuis sa création, en 1804,
20 années s'étant déjà écoulées, la perte occa-
sionée par le monopole à la France ( estimée
dans la même proportion qu'en 1822 ) s'élève
à la somme de 640,777,440 fr., ce dont le
compte courant qui va suivre présente le ta-
bleau.

*Compte courant entre le* Monopole du Tabac *et la* France.

Monopole.      Doit.      Monopole.      Avoir.

1822.

1° Pour différence au préjudice des consommateurs entre les prix de 8, 10, 14 et même 20 fr., et celui de la fabrication libre, conformément aux détails qui précèdent, ladite différence calculée seulement d'après le prix de 8 fr., et ceux de 2 fr. 20 c. sur 12,261,76 kil. à 5 fr. 80 c. . . . . . . . . . . . . . 71,118,214 fr.

2° Pour excédant de prix payé aux fraudeurs conformément aux détails qui précédent, 2.988,259k. à 2 f. 80 c.    8,367,069

3° Pour préjudice occasioné à la France, par la privation de débouchés que la fabrication libre procurerait dans l'étranger, ci. . . . pour Mémoire    »

4° Pour préjudice occasioné à la France, idem, ci. . . . pour Mémoire    »

Total. . . . . 79,485,285 fr.

5° Pour autant versé par lui au trésor pour ses bénéfices de l'année d'après le compte rendu par M. le Directeur-Général des contributions indirectes (session 1824), état n° 11, folio 35. . . . . . . 40,395,594 fr.

6° Pour ses frais de fabrication, attendu que ces frais bien qu'énormément chers, ayant servi de traitement et de salaire aux préposés et aux ouvriers, n'ont pas été perdus pour la France. . .    7,050,817

Perte pour la France, en 1822, ci. . . . . . . . . . 32,038,872

Somme égale. . . . 79,485,285 fr.

*Nota.*—En multipliant la perte annuelle par 20, nombre des années de l'âge du monopole, on a :

1 : 32,038,872 :: 20 : 640,077,744 fr.